verrückte kausalität

Glavkos Koumides

VERRÜCKTE KAUSALITÄT

Gedichte

Romiosini

Aus dem Griechischen vom Autor übertragen,
unter Mitarbeit von Gerlinde Koumides.

Romiosini Verlag, Köln 2001
Copyright by Glavkos Koumides, Köln/Nicosia
Umschlaggestaltung und Satz: taips. Bremen
unter Verwendung eines Photos von Glavkos Koumides
Druck: Emmrich, Bremen
ISBN 3-929889-46-3

DIE HERBERGE

Der Portier hob sorgfältig die Glassplitter auf und legte jeden einzeln in den Umschlag, als ob sie die wertvollen Beweise jenes Unglücksmomentes wären, jener falschen Bewegung, die seiner Brille die rechte Linse gekostet hatte. Im Regal hinter ihm hing neben den größeren Schlüsseln noch ein kleiner für die Schublade mit dem Strenggeheimen, ein paar Geldscheine, die Stadtkarte, ein vergessener Radiergummi und noch etwas Undefinierbares, das wie eine umgekippte Kakerlake aussah. Auf dem Tresen herrschte aber das Chaos, das die unüberlegte Anhäufung des Alltäglichen mit sich bringt. So behindert, ein Auge fast blind, schaffte er etwas Ordnung, mit der vagen Ahnung, dass etwas Ungewöhnliches, heute Abend noch, auf ihn zukäme. Dann legte er den Umschlag ins Fach mit der Aufschrift »Strenggeheim« und verschob damit die Suche nach einer plausiblen Erklärung für sein Unglück auf einen späteren Zeitpunkt. Er sammelte die leeren Kaffeetassen ein, und als er dabei war, die unzähligen Kugelschreiber zu sortieren, hörte er das Bremsen des Taxis und das vertraute Winseln des Dieselmotors, das immer das Berufsethos des Portiers in ihm geweckt hatte.

Er mochte aber nicht aufspringen, seinem neuen Gast entgegen gehen, ihm das Gepäck hineintragen, sondern blieb an seinem Tresen sitzen und tat so, als ob er ein viel beschäftigter Buchhalter wäre, einer, der sich gestört fühlte, statt sich zu freuen über die neue Ankunft. Er blickte nicht mal auf, als der Gast schon vor ihm stand, sondern rechnete gebeugt weiter und unterstrich schließlich, demonstrativ lässig mit seinem schillernsten Füller, die Endsumme.

»Alles auf dieser Welt lässt sich in Zahlen ausdrücken«, sagte er zuvorkommend und zeigte endlich dem Gast sein Gesicht, das gelocht aussah, als das übrig gebliebene Glas seiner Brille das Licht der Tischlampe reflektierte, während das andere Leere aufwies.

»So ist es«, antwortete schlagfertig der Fremde, »sieht aber aus, als ob Sie mit einem Auge gerechnet haben oder, wahrscheinlicher ist, dass Sie die Nächte nicht mitbedacht haben«, fügte er hinzu und lehnte sich über den Tresen, um ihm mit dem Finger die genaue Stelle der Fehlrechnung im Heft zu zeigen. »Alles zusammen genommen macht es zweihundert aufeinander folgende Jahre.«

»Donnerwetter!« staunte der Portier und stützte sich auf, um den Teufel besser sehen zu können, mit dem er es heute Abend zu tun hätte. »Glauben Sie mir, ich wollte Sie nicht gering schätzen, sicherlich liegt der Fehler in dem spezifischen Gewicht Ihrer Abwesenheit. Wenn Sie aber diesmal länger bleiben wollen, könnte ich Ihnen Zimmer Nummer vier geben, es wird bald frei. Das neben dem Eingang. Sie können selbst hören, wie die noch am Kämpfen sind, aber bald ist es so weit, denke ich. Nun, wenn Sie was Besseres wünschen, ich könnte Ihnen Zimmer drei empfehlen, das mit der Bücherei. Darin könnten Sie den Luxus genießen, neben all dem zu schlafen, was über die Jahre unsere besseren Gäste zurück gelassen haben, Romane in sechsunddreißig Sprachen, sogar im Jargon der Samurai. Falls Sie die Bücher stören, was kein Wunder wäre in unserer Zeit, dann könnte ich Ihnen Nummer zwei geben, ein geschichtsträchtiges Zimmer, leider mit Aussicht zur Metzgerei gegenüber. Darin, müssen Sie wissen, hat die Crème de la Crème der Malerei geschlafen, große

Meister, deren Gepäck nach Terpentin roch, und die Bettlaken tun es immer noch. Oder Nummer eins, unser einziges mit Klimaanlage. Ich wünschte mir, sie wäre überflüssig, trotzdem, es wäre ein Jammer, wenn Sie nicht den Duft des Zitronenbaumes vor seinem Fenster genießen könnten. Nun, falls Ihr Portmonee nicht so gut bestückt ist, was ich bezweifele, dann könnten Sie sich hinter dem Paravent mit den acht Pfauen zurechtmachen, wenigstens für die Nacht. Sei es, Sie wollen unbedingt ins Kämmerlein, in die Mansarde.«

Der Fremde faltete das Papier mit den Notizen, die er niedergeschrieben hatte, während der Portier seine Allegorie ausführte, faltete es noch einmal gekonnt zusammen, dann noch drei- bis viermal, bis ein Papierschifflein daraus wurde. »Es tut mir furchtbar Leid wegen Ihrer Brille. Ehrlich gesagt, es war nicht meine Absicht. Als Bezeugung meines Mitgefühls, hier bitte, nehmen Sie dieses Artefakt«, sagte er und legte das Bötchen auf den Tresen. Dann hauchte er leicht darauf. »Sehen Sie, es will lossegeln.«

»Also ins Kämmerlein, ich wusste es. Sie sind ein Genießer«, murmelte der Portier entzückt und nahm den Schlüssel fünf aus dem Regal. »Morgen früh, wissen Sie schon, werden Sie bei den Agenturen erwartet, wegen der ungeregelten Rechnungen. Und nachmittags müssen Sie ohne jegliche Verzögerung die neuen Ruinen inspizieren. Die Toiletten befinden sich im Flur. Frühstück um sechs… Ach ja, beinah vergessen, falls Sie die Stadtkarte benötigen, können Sie jeder Zeit…«

FRAU AM FLUSS, *lesend*

Ich weiß nicht, wie die Poesie zu lesen sei
ob man sie lautlos für sich genießt oder lieber
ihre Asche ins breite Publikum verstreut, egal
jetzt bitte Ruhe! Liebes Krokodil
du Rezitator, sei still!
Eine Frau liest mich, das Flüs-
sie hört das Flüstern des lallenden Dadaisten
sieht sprachlos zu, wie Bilder im Fluss
ertrinken, erschreckt, lacht wieder, be-
fühlt sich -stätigt, oh Gott! Nur das Gedruckte
beherrscht das Spiel mit ihrem schönen Geist
nur das Aroma der Seite ist dem Epos genehm.

VERRÜCKTE KAUSALITÄT

Wir machten uns auf den Weg in aller Frühe
mein namhafter Patron und ich
mit einem Apfel und einem Ei. Mal auf meinen
mal auf seinen Schultern, versteckt im Apfel
trugen wir den Wurm, im Eiweiß die kleine Schlange.
Wäre das ein schwacher Moment, hätte ich dich
bloß lieb, aus Spaß mit auf die Reise genommen
als wir los eilten, eine Frechheit
den Kaugummi hatten wir noch im Munde.
Erst bei unserer Heimkehr werde ich dir berichten
was unterwegs zu sehen war, erzählen werde ich
von den verzauberten Zauberern, noch mehr
wie man nach Dichtern dichtet, durch blindes
Ertasten des Allerinnersten, so ging es weiter
im Dunkeln, immer den Graben entlang.

I

Bück dich, hat er gesagt, ich muss hochklettern
der Horizont will etwas mit mir besprechen.
Beug dich selbst, erwiderte ich, so stritten wir uns
zum ersten Mal, mein namhafter Patron und ich
ohne das Verb erreicht zu haben, »wollen« oder
»es wagen«, gleichbedeutend ist es in unserer Sprache.
Gewonnen hat er, da er der Meister war
und ich der willenlose Träger.

II

Die Schwalbe sollten wir schlachten, so der Befehl.
Wir taten es, obwohl wir keinen Hunger hatten.
Aus einer Wolke trinken, befahl erneut der Horizont.
Durst hatten wir nicht, trotzdem
holten wir eine Wolke
dasselbe Wölkchen, das über dir weilte, als du
ein Buch im Liegen last, auf dem Gras, erschrocken
hatte er dich, der jähe Kuss der Sonne auf die Stirn
als anderswo, Meilen weit weg, der Sonnenstrahl
fiel auf eine nasse Karre, rot glänzte sie dann
bei den weißen Hühnern, als weiter
im fernen China, sanft ein Blatt fiel, langsam
kam es auf dich nieder, rasch decktest du dich zu
der Steuermann sollte die Entblößung nicht sehen
auf seiner Kohlenfahrt den Rhein flussabwärts
von Duisburg gen Nordsee, ich begrüße
deine verrückte Kausalität, schön wäre es
wenn du bei uns sein könntest.

III

Jemand muss unbedingt zu ihnen sprechen, befahl
der Horizont. Wieder fügten wir uns seinem Willen.
Über die Liebe soll die Rede sein, beharrte er. Streng
hielten wir uns an seinen Befehl, einen Liebesgruß
wollte mein Patron verkünden. Stürmisch wie Lenin
stieg er wieder auf mich und sprach über die Flora
unserer stiefmütterlichen Heimat, über den Enzian
der sich hinter dem Basalt verbirgt. Eine Romanze
las er noch vor, von mir, im Schlaf geschrieben.
Eine Schande, schien aber opportun
die Lesung in drei Folgen:
Blond, Prall, Schneeweiß ist
die Pflegerin unserer Träume...
Ha, ha!
brüllte der gierige Sponsor, alles hat er mitgehört
von seinem Thron am anderen Ufer. Bezahlt hatte er
bereits den Chor, der flüssige Chorege, alle bei Fuß
gehorsam, die Herren von der Presse. Hart
ist seine Macht, schön wäre es
wenn du bei uns sein könntest.

IV

Beeilung… ihr seid zu träge, entschied der Horizont
und donnerte aus heiterem Himmel. *Mit Zeitungen
und Kaffee gedeiht es keinem zur Dichtung. So
hätte Lu Hsün das Spiel nicht meistern können!
Hören Sie…,* murmelte mein Patron
ohne Grund gibt es weder Liebe noch Hass.
Er wollte widersprechen, besser hätte er nichts
gesagt. Gewaltig schlug ein Stern auf uns, beinah
war es ein Treffer, blitzschnell machten wir dicht
der Horizont war nirgendwo zu sehen, unheimlich
finster wurde es, nicht mal das krumme Mondlein
konnte seine zwei Enden sehen, geschweige wir.
Vom Pfad kamen wir ab, mein eponymer Archon
geriet versehentlich ins Schwanken, ausgerutscht
war er, fiel schreiend ins Wasser. *Wahrhaftig! Er
hat mich gestoßen!* Schrie er und zeigte auf mich
während ich schwitzte und weiterschrieb an dich
der Stille meines Körpers lauschend, ein Wurm
ist jetzt die kleine Schlange, schön wäre es
wenn du bei mir sein könntest.

»Es war bloß ein Wölkchen, das die Sonne im Vorübergehen verdeckte und die Seiten plötzlich düster machte. Sie ließ das Buch sinken und schaute in die Ferne hinaus zur Brücke. Ein schwer beladener Dampfer kämpfte gegen den Strom, der nun die gewohnte trübe Farbe annahm. Sie drehte sich um im Gras und bedeckte dabei hastig die Brust, während sie mit der freien Hand dem Dampfer zuwinkte, lustlos erwiderte sie die Begrüssung des Steuermannes. Als sie die Wärme der Sonne wieder auf den Schultern spürte, entspannt, legte sie den Kopf auf das zugemachte Buch und schlummerte im Rhythmus des Zuges, der gerade behutsam über die Brücke fuhr.«

ABENDSPAZIERGANG

Einen richtigen Wald wollte ich unbedingt sehen
auf meinem Weg wünschte ich mir einen größeren
Fluss mit Ufern und Nebeln im Licht. Und sah
Millionen in Schwärmen die kleinen Viecher
sie tanzten für eine Stunde, für einen einzigen Tag
als ob sie es eilig hätten zu sterben
in tiefgrünem Morast. Aber trotzdem
ich bin nicht überzeugt, was die Länge meiner eigenen
Jahre betrifft, all die kunstvoll verborgenen Jahre
unter weichen Decken mit dir. Auch wenn du
noch behaupten magst, es sei alles eine Niederlage
gewesen. Am Ort, wohlgemerkt, wo die Trauer rastet
da wartet ungnädig der Meister
mit Stiefeln im Schlamm
mit Drähten zur Hand hetzt graue Hunde
auf schuldbeladene Menschen. Die Menschen.
Düstere Träume mögen sie pflegen, aber ich
hüte bloß eine kleine Liebe, wohl geordnet
in der Zahl meiner wenigen Jahre, und lausche wie
sie heimlich fließt, an der Verlogenheit des Staates
vorbei, höre dich flüstern, wie im Gebet
sprichst du über die Würde, erzählst von der großen
Geschichte und anderen Zeit verschlingenden Dingen
von silbernen Zinsen und goldenen Kämmen, aber
denke daran, wir wollten heil ankommen
bald kehren wir um, daheim wird Nacht.

LAND, *Landschaft*

wenn abrupt der Vers sich wendet, heißt
es
das Land sei ihm eng geworden. Er
schafft sich dann eine innere Landschaft
und bewässert sich mit jeder im Körper
verfügbaren Feuchte. Es wird behauptet
diese Landschaften seien menschen-
freundlich, sie kämpften unter sich
bis die kernigsten überlebten
diejenigen, an denen der Mensch
Gefallen fände. Hier
verletzbar, der Körper widerspricht
sowohl denjenigen, die in den Abend hinein
schreiben, als auch den Frühaufstehern
die meinen, die Sonne gehe morgens
ans Werk. Er weiß
wer im Schatten rastet, läuft Gefahr
die Unschuld der Zypresse zu bereuen
und wer sich reckt
einen Granatapfel zu pflücken, wird trauern
um seine Hand samt teurer Uhr.

DAS INNEWOHNENDE SEELCHEN

Schwer atmeten wir ein den Geruch
aus den blutgetränkten Feldern, als wir
ins Dorf marschierten, quer über der Brust
behangen mit Patronen. Kämpfer
waren wir, gegen das Übel des Vergessens.
Im Marschgepäck trugen wir Schweres
in drei geteilt, da wir zu dritt Gedächtnis-
hüter waren. Der Auftrag des Vaterlandes
lautete unmissverständlich: Sein Wort
im Dreiklang soll heil ankommen
mit allen Mitteln. An den erdachten Ort
wären wir schon gelangt, so meinte der Erste
im Schatten eines Dattelbaumes ließ er
einen Knaller platzen, freuen sollten sie sich
die Eingesperrten, über die Ankunft der drei
Engel, so zündete der Zweite noch einen
vergebens, niemand erschien, der Platz
blieb leer, *Karamba!*

Spinnt wohl im Kompass die irre Nadel, oder
haben wir die Jahrhunderte falsch gezählt?

Kommt raus, savas sona erdi![1]
habe ich geschrien. Alle sollten es hören
Dieses Gedicht wird langsam neidisch
da der Verfasser euch vermisst!
Besseres wusste ich nicht, um Schlangen
aus dem Loch zu locken, hallte aber nur
der Spruch wider in meinem Ohr, bedrückt
waren die Weggefährten, sags anders
riet der Erste, lauter, empfahl der andere
möglichst in der Gemeinen
in unserer Niemandssprache.
The poem is sad
es will euch gehören und kann es nicht.[2]
Ein Paradoxon geschah, einem Portal
wohnte scheinbar ein Seelchen inne
zögernd erschien sie hinter dem schiefen Brett
wie üblich in Schwarz umhüllt, die Greisin
und sagte, *Geh nicht so sparsam um*
mit deinem Gedicht, canim[3]. Es will.
Wie der Krieg. Will sein.

1 Türkisch: Der Krieg ist vorbei
2 Aus John Ashberys Gedicht *Paradoxes and Oxymorons*
3 Türkisch: Mein Lieber

DAS

was wir sahen, als
wir zum zweiten Mal
zum Dorfplatz gelangten
mit meinem teuren Wagen
Willy Carlos, Rimakó und ich
nichts hatten wir im Sinn
in dieser heilen Welt der Dichtung
bloß
das blasse Mädchen auf dem Balkon
betrübt, der Alte wühlte sinnlos
in seinem Bart, auf dem Lehmdach
die Frau hing das weiße Laken auf
die grünen Klammern hielt versteckt
in seinen Taschen, achtjährig der Junge
ein Altbekannter, wieder sahen wir ihn
Anweisungen gab er den Dichtern, wie
sie ans Meer gelangen könnten
ohne Sinn und Furcht.

DAS MEER

In der Zeit, als die Johannisbrote
noch auf stolzen Bäumen wuchsen
und die Ochsen die Karren zogen
zum ersten Mal fuhr der Junge
vom Dorf, im Tal verborgen
zum kleinen Hafen, am Ende
der Welt, zehn Säcke fuhr er hin
mit schwarzem Gold. Ahnen
konnte er nicht, dass um den Berg
das Meer eine Maut verlangen würde
die Lösung des alten Rätsels.
Wozu ist die geerbte Karre blau?
Deinetwillen, sagte er prompt.
Die Weite nahm ihn auf, ein Kapitän.

DER REISENDE

Wer einen Rucksack fertigt, träumt
er wäre der Reisende, nach Amorgós
oder woanders. Nimmt mit die Pilger
aus den Dreißigern, ein Spieglein
Kämme und Nähzeug für den Fall
ihm ginge ein Knopf verloren.
So voll beladen steigt er die Stufen hoch
zum Kloster, bei der Chosowiótissa
will er den Tand als Gabe ablegen, unerlöst steigt er herunter.

Aber der Reisende
schlaflos nun aufs Deck
den eitlen Tand ins Meer abwirft
befreit, steigt die Stufen hoch zu ihr
erlöst steigt er herunter.

DIE TÜREN

Unter einem antiken Bogen in Florenz
ein junger Schreiner tüftelt an vierzig Türen
nagelt mit Stiften aus elektrischem Gerät
aus der Pistole sprüht er die rosa Farbe
alles gleichermaßen karg
wie seine Auftraggeber es wünschen
für die Appartamenti im neuen Stadtbezirk.
Sobald die Abendglocken läuten
auf der benachbarten Piazza
nimmt er das Werkzeug hinein in Eile
bevor er nach Hause geht
verschließt das Bogentor und betet hastig
den Heiligen an oder was übrig blieb
von seinem gequälten Leib
der in das wuchtige Tor von Meisterhand
vor tausend Jahren gemeißelt wurde.
Am Tage des Heiligen Sebastian, Januar
der zwanzigste, ich hab's gesehen.

ERSTER KUSS

Auf russischem Boden, der Schnee.
Der letzte Bauer packt seine sieben Sachen
und steigt aus, finster. Der Zug fährt weiter.
Cut! Es war zu langsam.
Noch mal die Szene, wie gesagt
der Letzte schließt die Tür, na endlich
allein wir beide, vis-à-vis
blass siehst du aus, im düsteren Wagon
Antoschka, sei versichert
der schönste Augenblick kommt noch
sobald der Zug im Tunnel ist, dunkel
soll es dann werden, wie er es gerne hat
unser allererster Zuschauer, damals
im alten Kino.

DIE FEIGE UND DER TROG
(Übersetzungsübung)

Sei ungnädig mit der Gnade
nenn sie immer beim Namen.
Πες το σύκο σύκο, δηλαδή
και τη σκάφη σκάφη, αν μπορείς
πες στο σύκο σήκω
και στη σκάφη κάτσε-σήκω.
Sei herrisch mit den Namen
ohne Gnade, will ja sagen
Du feiger Trog
η χάρις των σύκων μαζί σου.

DER HASE

Schamane geht auf Jagd
geladen sind seine Schlitten
mit Filz, Jod und Lexika
dazu etwas Honig.

In der Tundra geht er auf Jagd
seine Hunde ziehen ihn kräftig
vergebens, dunkel wird es bald
eine Rast muss sein.

Im Schlaf sieht er das Wild
er will es endlich holen, oh je
der Hase ist wie der Wind
schnell weicht er wieder aus.

Kurz erzählt, im nahen Busch
der Jäger will ihn sprechen, leise
beschwichtigt er das Tier, hopp!
greift die langen Ohren.

Albern der Hase, freut sich
genießt das Spiel verdächtig
Hast du mich, oder hab ich dich?
fragt er den Jäger dreist.

Verdammt, woher die Worte?
Hat sie das Vieh im Traum erdacht
oder aus dem Vers geklaut?

OBJET TROUVÉ

Gestohlen ist er mir, wahrhaftig
der Fuß der Badewanne, keinen
geht es an, der klotzige Ersatz
was sonst, ein Ziegelstein
damit die lahme Kuh nicht hinkt
beim Baden. Neulich, im Museum
sah ich ihn wieder, ein Pascha
auf Samt, in gläserner Vitrine
geregelt darin die Feuchtigkeit
die Lichter fein justiert, Temperatur
konstant, und was für eine Inschrift!
Entwendetes Glied eines Bassins
Unbekanntes Material, Erstes Jahr-
hundert des jecken Hasen

DIE ENTFÜHRUNG EUROPAS

Eine alte Jungfer war sie, gewiss
in der Badewanne beim Lesen
und Zeus, ein Gauner auf dem Rade
kreiste um das Becken, plötzlich
die Panne, Bang! Der Reifen platzt
erschrocken schreit sie auf, das Buch
entfällt der Hand, verfärbt sich rot
im Badewasser. Sie jammert nun
kein Zustand sei es, im Blute zu baden
steigt heraus, nackt, tut so als ob
sie wolle was zum Rauchen, gnädig
nimmt er sie auf den Sattel, und ab
die beiden nach Brüoool.

WILD IST DER WESTEN

In seiner Angst hat er geträumt er wäre
ein Menschenbild, und ging hinein
in einen Ort, verrostet, ein ödes Städtchen.
Auf den Straßen war keine Seele
sein Schatten nur, kurzgenäht, wie er selbst
in der Mittagsglut, Ecke Hermes-
und Hektorstraße, da sah er plötzlich
den Reiter auf dem dreirädrigen Hengst
wie er seine Zunge spitzte, einem Sporn
oder dem Flügel einer Mühle ähnlich.
Erschreckt greift er sofort an seine Sichel
dachte, mit dem Sicheltanz käme er davon.
Mehrmals dreht sie in der Luft, die Pump-
hose verfängt sich, mitten auf der Straße
er fällt, richtet sich auf, Erbarmen!
Der Reiter spuckte immer noch
antike Funken aus. Schnell
wechselt er die Taktik, versteckt sich
mit einem Sprung hinter das Stottern
einer heuch-le-le-lerischen Frage
Ein mächtiger Kenner der Stadt
scheinst du zu sein, Don Weyne.
Ein Reisender bin ich durch dein Revier.
Wie komme ich dahin, wohin ich wollte?
Der Ritter nahm ihn endlich wahr
gnädig, schmiss hin einen Rat

Auf der Strecke bleiben, dann rechts
die Nebenstraßen nicht verachten!
B-b-b-bedanke mich, sagte der Dreisilbige
aber trocken dein Wort, wie ein Zwieback.
Laut lachte der andere, so laut
dass die Räder des Traumes knarrten.
Guter Mann, ich bin nicht, was du denkst
Brezel sind meine Ware, auf dem Dreirad
die Kunden kommen gleich, setz dich
wenn du willst, dann wirst du sehen
wie man ins trockene Zeug beißen kann.
Tabak? Einen Kaffee?
Ein unermüdlicher Raucher war der Mensch
aber im Schlaf enthaltsam, außerdem
er hatte es eilig, aus dem Traum zu kommen.
Dein Angebot ist mir eine Ehre, mein Herr.
Ich werde aber erwartet, gestern, möglicher-
weise morgen. Sie zanken sich schon
ich höre ihre Schreie, meinetwegen
Estragon und Wladimir streiten
wer mich als Erster sehen wird, wenn ich
den Weg dorthin nur wüsste...

BYZ. MÖBELFABRIK GmbH

Sie waren zu sechst, die Nachtgänger.
Der Unbetrübte, fröhlich, hobelte
gen Himmel, den Unbefleckten
zog es in die Breite, der Unschuldige
quälte das Sägewerk, der Unbeschwerte
pries den Herrn mit seinem Gesang, dabei
funkelten die Dechsel, da sie es eilig
hatten, den Tisch fertig zu stellen. Schnell
wurden die Beine angeleimt, darauf
brachte der Ungewaschene, von seinem
Gesellen, dem Ulkigen, assistiert
ein Bänkchen, Schreibgerät samt Rollen
verfassen sollte ich, der Gelehrte
so hatten sie mich ehrfürchtig genannt
das *Grosse Apodiktikon,* »…über
das Innewohnen des Mythos
in dem Wort«, die Guten…

Verzeihen sollen sie mir, da der Voll-
mond mich verführte, stattdessen
wieder ein Knabe mit Messerchen, ritze ich
in den heiligen Tisch die entfremdete Fibel
»... *die Palme*
wachsam, besah die Abweichung, alsbald
in der Dämmerung das Ethos ließ nach
behilflich, die Pinie zerstreute zahllose Nadeln
zitternd, die Pappel trägt noch auf der Rinde
unverblasst die herzlichen Namen
den daneben gelandeten Pfeil«, samt
dem üblichen der Liebe gehörenden Kram
den ich heimlich ritzte, damit
aus dem ewigen Zeug
noch ein Verslein wurde.

VON DEN UNSICHTBAREN

Oh je, verflixt, in seinem Beutel
kein Groschen, der Jämmerliche
trifft auf die Alte, vergammelt
wie eine Aubergine ist sie, besorgt
fragt er die Kaffeetante, sag mal
beflügelt sein, das ist mein Wunsch
die Welt von oben sehen, zweitens
schwer soll mein Beutel werden
als letztes unsichtbar sein
durch Spiegel gehen, frag doch
den Kaffeesatz, was hat er wohl
gemacht, der Opa mit der Kasse?

Ein schneller Bursche soll her
guten Kaffee braucht die Dame
süßes Gebäck, Mandeln aufs Tablett
sollen die Mädchen holen, jetzt
wird in dem Satz gesucht, was sie
gesehen hat, was wird noch werden
rasch, holt das Gestickte her
das saubere Tuch, aus dem Schrank
die teuren Gläser, drei Kissen noch
an ihren Fuß die warme Decke, hör zu

Monsieur Unsichtbar,
dein süßliches Geschwätz hilft nicht.
Stolz war die Galle des Alten, dem Spiel
war er verfallen. Eine fliegende Ameise
sehe ich, ein Spiegel geht zu Bruch, leer
sehe ich die Hand des Dichters
nieder schreibt er bloß
was ihm der Kaffeesatz diktiert.

DER GRIECHISCHE KOCH

Morgen, heißt es immer. Lerne
wie man den falschen Engel tadelt.
Geschickt haben sie ihn zum Fest
die Lüge soll er verkünden, der Tag
sei näher gekommen. Lerne, wie
man den Mythos des Vaganten pflegt
ein Kämpfer in der Fremde, gefallen
ist er für zwei zerfetzte Schuhe
ins Bratöl fiel er unerlöst, der öde
Witz gehört dem coolen Dichter.
Löchrig war noch die alte Hose
beim Fischleinbraten spross die Flamme
aus seinen beiden Taschen, morgen
heißt es immer, morgen machen wir
reinen Tisch, einen Spaziergang
im heimatlichen Gefilde, mit falschen
Kumpeln, morgen, keinem
ist je die Flucht im Nu geglückt
mit halbem Schuh kehrt keiner heim.
Sollte der Ausbruch mal gelingen
dann bitte rückwärts, im trauten Nebel
des Weinbergs, sie war verwaist
und bat die Jungs herein
drei Stühle hatte sie, der Erste
nahm locker seinen Platz, der Zweite
prahlte, der Dritte errötete, blieb
zwischen den leeren Stühlen sitzen.
So fing die Idylle an, in der Einöde
der kargen Berge, bis endlich
das Züglein kam, der bittere Spaziergang
im Bahnhof folgte. Stell dir vor
wir hätten alle sechs in einer Reihe

richtig, Gelder würden wir dann
in die Pfanne hauen, mit namhaften
Poeten würden wir speisen, mit Musen
in einer Runde, Kaviar dick aufs Brot
teuren Käse und Mousse au chocolat
oh, Chef de cuisine, kapier endlich
die Jahre wären eine Null ohne die Ehre
des Dichtens, ein Brei wäre der Traum
das Geld wertlos wie Erbsen, und du
eine nicht vorhandene Scheuche
in Kleinanzeigen wühlend: Gesucht
wird ein Hellene als Koch, Schneiden
Nähen soll er beherrschen sowie
die hohe Kunst des Füllens von Tomaten.
Mussaka ein Muss. Außerdem
verstehen soll er viel vom Waschen
der Teller aus Pappe. Ach, Onkelchen
mach das Fenster zu, schnell
unsere Seele will fliehen, trotzdem
kein Grund zu jammern, ein Griechen-Fan
ist jeder nördliche Gourmet, ein Oedipus
in diesem barocken Drama, aber
vergiss dein karges Weingut nicht
im Nebel verkommt die Rebe.

FRÜHSTÜCK IN ULM

mag sein. Eifersüchtig seien
die Maschinen, bedauernswerte Sprachröhren
einer rationalisierten Leidenschaft, die nur
von der Hand eines unrasierten Nomaden
gebührend gestillt werden kann. Gewiss
unentbehrlich sind Ihnen die geblümten
Verzierungen Ihrer Heimat, deren
bemutternde Wärme. Darf ich annehmen
dass die übertriebene – *bitte, die Butter* –
Klarheit, die ostentative Ergonomie, die
Gefühlskälte im zeitgenössischen Design
Sie stört, dass dies im allgemeinen Ihre Libido
hemmt? Hören Sie, die Erschaffung einer
jeden guten Gestalt ist eine edle – *danke
die Marmelade, bitte* – Handlung
abhängig von der Standhaftigkeit
eines äußerst feinen Gedankenfadens.
Sogar das Ei weiß es, aber wie könnte es.
Geköpft haben Sie es schon, das glücklose
sonst hätte es Ihnen erzählt von der Wahl-
verwandtschaft zweier tangierender
Gestalten, von seiner heimlichen Liebe
zu dem modernsten Eierbecher von Ulm
nicht schlimm, ich habe es Ihnen so verraten
ich, die postmodernste Eierköchin von allen.

ALTES FLEHEN

Ich prüfe die Kräfte, den restlichen Drang
wiege ich ab, ein Soldat aus Blei, gewesen
ein Wissender nun, betrachte den Verschleiß
der Glieder, ein erträumter Traum
die edleren Taten der vergangenen Nacht.
Aber, sieh da! Ein Stimmchen im Dunkel
drei Uhr, zentraleuropäische Zeit
spricht zu dem mutigen Mann, »Over…
Hörst du? Gib die Stellung nun an.
Das Vaterland lebt!« Gleich mit dem Nagel
kratze ich in den Kalk die geheime Nachricht.
Eines Tages im Wahnsinn
    die Völker werden vereint, ich!
der lang mit abgetragenen Stiefeln
auf Landkarten übte, ein Jäger
in London, Kostgänger in Moskau
in Madrid der Eroberer, auch in Rom
marschierte ich ein, der falsche Soldat
in Paris war noch jung, nun steht aber fest
auf die Ruinen des Bogens war es gesprüht
die schweigsame Eidechse hat es erzählt
dass der Rhein wütend wird, wenn keiner
zu ihm spricht, der Morava im Zorn
wird die Brücken abschütteln, der Acheron
wird hassen die über ihn eilenden Scharen
mit den schnell abgefertigten Koffern. All
mein Wissen stammt von den Ufern, da
auf dem Deich hab ich die Feldwebel gesehen
laut bellten sie ihren Ehrgeiz, weiter
die Händler setzten den Feldzug in Gang
gefolgt von tausend Hirten, Kekse wollten sie
und »einen Sieg, gebt uns endlich den Sieg«.

Den Segen des Triumphes hab ich schließlich
gesehen, in der linkischen Schrift des Einarmigen
ein Bettler, »Stumm, suche meine Stimme«
die Worte, einen Witz wollte ich euch erzählen
geehrte Sieger, auf dem ruhmvollen Feld
herrscht nun Langeweile, dafür ein Kassiber
auf eure reiche Tafel, der Satz
'Vaterland lebt! dem Versehrten 'ne Mark

SONNENUNTERGANG AUF CORFU

Nichts lässt das Meer heute Abend ahnen
weder die Sehnsucht, noch die Reise.
Von der zierlichen Xanthoula keine Spur.
Wie eine Säbelkante erscheint es mir
hinter dem eisernen Geländer. Nein
heute Abend nicht, nehmt alles bitte fort!
Entfernt die edlen Speisen
die Wachteln, auch den guten Wein.
Eine schmerzende Ewigkeit, so war es
der letzte Anblick der Sonne
als sie von unerhörtem Leid erzählte.
Seht ihr das nicht?
Fällt euch der Lärm nicht auf? Da
gegenüber, in dem Gewühl der Waffen
Goya mahlt abermals sein blutiges Pigment
gefolgt von übernächtigten Genossen
Soutine, der jüdische Geselle, Picasso
Beuys, unzählig, die alten Meister.
Ihre Stunde ist wieder da
mit Fahnen und Bandagen.
Die Sonne ist schuld daran, an allen
Verdrehungen der Zeit.
Gen Osten geht sie nieder, dort
wo die Gewalt im Eilschritt
den Balkan erneut vermag zu messen.

DER KLEINE SOLDAT

Er kam umhüllt in einem geliehenen Waffenrock
die schöne Patronin wollte er haben, allein für sich
vergebens, an der Tür war ständiges Klopfen, herein
spazierten viele, alle wollten die Dame berühren.

Sie sagte, sie hätte sich gefreut, erfreut war sie
dass alle um sie so zahlreich standen. Danke
ohne ihre gierigen Blicke wäre die Leidenschaft
ein belangloses Spiel. Sie sprach mit den Händen
mal hier, mal dort, um auf ihre neuen Leiden
aufmerksam zu machen, die älteren
benannte sie mit leiser Stimme, schwieg aber
als es um die fleischigsten ging.

In der Menge verloren, er kann es nicht lassen
in seinem Rock bläht er sich heimlich auf
will den Ruhm des Eroberers endlich erlangen
vergebens, die Ehre gehört bekanntlich dem Täter.

GLORREICHER BOULEVARD

An dem Tag, als das Land sich feierte
geschmückt in Blau-Weiß, in der Frühe
mit Marschmusik, auf den Straßen Menschen
warteten gespannt auf den Anblick
der neuen Waffen, an diesem ruhmvollen Tage
bin ich aufs Dach gestiegen, gewappnet
mit dem bloßen Willen des Dilettanten
blickte erst hoch zum Himmel, flehend
dann nieder in die laute Menge
ohne zu zögern, richtete meine Kamera
auf Großmutters fernen Schatten, als sie
den Buben rüffelte, ein Fähnlein hielt er
in der Hand, in der anderen die leere Eiswaffel
Tränen vergoss er über den Erdbeergeschmack
der umsonst auf dem Asphalt schmolz, nun
ergriffen von dieser Offenbarung, frage ich
wonach steht mir der Sinn? Dich
frage ich, Andreas Empirikos, mit Ginsbergs Wort
an Whitman. Die Parade endet in einer Stunde
which way does your beard point tonight?

MEINE NEUEN KLEIDER

Die alte Mauer meiner Stadt
zog ich gestern an, ein lumpiges
Kostüm, und ging auf die Straße
ein König, wie ich mir dachte
in seidigem Gewand, wie es nur
die Venezianer zu nähen wussten.
Nun gut...
Die Verhöhnung der Anwohner
hatte ich verdient, ihr Mitleid
ganz meins, aber wieso den Knirps?
Er hat bloß laut gesagt, was sie
doch alle wussten
Löchrig ist unser Mauerwerk
schau mal, Mama, der König friert.

ÄSOPS FABEL

Äsop lebte im Wald, einen Hühnerstall hatte er
einen Fuchs als Wächter, dazu eine Trauerweide
worauf die Vögel nisteten, diejenigen, die noch
mit den Menschen sprechen konnten.
Eines Morgens – wie man so sagt – beim Frühstück
ein karges Käsebrot, hörte er das Flattern
eines Raben und dann... das traute Gelächter.
Ho-ho, hi-hi, kra-kra, oh Äsop! Dr. VSOP h.c.
hast du die Nachrichten gehört? Ein Vöglein
wollte in ein Buch hinein lesen, geschluckt
wurde es von bösen Seiten. Vom Entlein?
Unbekümmert spielte es im Film, die Stimme
ist ihm gestohlen, bevor es noch begriff
worum es ging. Pech kommt immer dreifach
so muss ich dir erzählen von dem berühmten
Vogelmann, über die Dyslexie sprach er im Radio
sie habe angeblich das Vogelreich befallen!
Schwer sind die Zeiten... Oh, Äsop, kra-kra!
Was würde deine Wissenschaftlichkeit dazu sagen?
Ein Weiser, Äsop machte den Mund nicht auf.

DIE KAPELLE

Tag und Nacht lauerte ich, Tintenfass stets parat
herausfinden wollte ich, wer wohl
ein- und aus der kleinen Kapelle gehe, die gottverlassen
am Ufer stand. Am Zwanzigsten wurde ich fündig.

Wohin? fragte ich. Michael mein Name
der Erzengel, sagte er, Fische will ich mir holen.
Die kann ich dir besorgen, bot ich an. Du solltest nicht
herunterkommen, die Insel ist voll mit Fremden
dein Schwert könnte verloren gehen.
Du hast mich nicht verstanden, sagte er noch einmal
der Heilige Gerasimos bin ich, habe Appetit auf Äpfel.
Das kann ich auch für dich erledigen, sagte ich froh
ein Heiliger sollte nicht betteln.
Schon wieder hast du nicht richtig zugehört.
Der Heilige Gordis bin ich, Beschützer der Oliven
aber mein Verlangen gilt den Trauben.
Auch die Weinlese könnte ich deinetwegen halten
die Sonne brennt, in Acht solltest du dich nehmen.
Du irrst dich, mein Lieber, der Heilige Spyridon
bin ich, die Terebinthe will ich kosten.
Schwierig, erwiderte ich, hier in dieser grünen Pracht
so etwas Pistazienartiges wäre sehr schwer zu finden
außerdem, ein alter Heiliger sollte nicht
auf Bäume klettern, lass das meine Sorge sein.
Du bist ein braver Kerl, sagte er, diesmal mit
Frauenstimme, du hörst aber nur, was dir lieb ist
und schreibst, was dir gerade dämmert. Maria bin ich
wahrhaftig, die Heilige der Schreiberlinge, dich aber
auf dem Schoß zu halten, fällt mir zunehmend schwer
steif ist mein Arm, geh endlich, spielen solltest du
am Strand mit allen anderen Kindern.

TU TU

der Bettler bist du, streckst die faule Hand aus
sobald der Schritt des reichen Bonzen sich nähert
schüttelst die Groschen in deinem Becher laut
murmelst dazu, wie üblich, den falschen Segen.
Aber der ist ein Kamel, reich und fett, dazu
schwerhörig, denkt, eine Drohung gehört zu haben
etwas über den schweren Gang durchs Nadelöhr
gerät in große Panik, wirft in Eile das Almosen hin
ein jämmerliches Stiftlein, dazu ein ungespitztes
damit du zweimalweiterkritzelnkannst, vielmals
vonvornvergessen, doppeltsovieldarangedacht
siebenundneunmalüberall die Losung:
Schön ist das Leben, wenn man
gekonnt zu betteln weiß.

DER DICHTER

Fremder, denke daran!
Wenn du unsere kleine Stadt
im Morgengrauen betrittst, sei leise.
Der Dichter schläft im Stehen, stolz
auf seinem Sockel, an seinen Füßen
wie eine Wärmflasche, der Spruch:
L'ETAT C'EST MOI, staatstragend
soll es bedeuten, dabei bedenke!
Einen solchen Wunsch hat er im Leben
nie gehabt. Er pfiff auf den Staat
die Heimat pries er nur
in ihren eigenen Worten.

NON-DAY, *diebischer Tag*

eine Bühne, die Stimme des Akteurs
ein Stück möchte ich vortragen
Zieh dich warm an! kommt prompt
der Rat des Regisseurs
Nicht dass du dich erkältest ... Oh!
Barmherziger Peiniger meiner Träume
wenn du nur wüsstest, mein Eifer
der Pathos, die Tiefe der Bewunderung
die ich neuerdings für die Akteure hege
deinen Rat hättest du dir erspart, nackt
sind hier sogar die Zuschauer, ungeduldig
wollen sie die Neuigkeiten erfahren
woher mein durchscheinendes Kostüm
für wen habe ich die Alltagskleider abgelegt.
Vorgesehen ist hier das Unvorhersehbare
heute Abend, gepriesen wird die Kunst
der Auslegung, sage ich
und Bang!
Von klein auf mit dem Hammer, nagle
fest das letzte Brett, gewiss
nicht nur das Wort zählt auf der Bühne
sondern die Schwingungen der Körper
geben den Ton an, als sie auf die Planken
schlagen, wie auf bespannte Saiten
und siehe da! Der erste Akt
trotzig schlage ich den Fuß aufs Brett
erscheinen sollte sie nun
die zahnlose Poesie, als eine Jungfer
in festlichem Gewand, trägt sie herein
ihre Adverbien, fest hält sie in der Hand
»als ob«, »vielleicht« und ähnliches
Eine Schande! schreit das Publikum auf

empört, *Das Zeug taugt nichts*
Wortspielchen für Philologen!
Erschrocken unser Mime nun
wendet sich an seinen Schöpfer
Oh Gott, warum gerade ich
sollte die traurigste aller Rollen spielen
der Dichter sein im eigenen Drama
murmelte ich und verschwand.
Gesucht werde ich immer noch
das Gedicht sollte ich nochmals
von vorne lesen, *Lauter!*
Möglichst artikulierter! schrie er
der Rampenvogt, »Werktätige …

(LOBREDE AUF DIE VERTIKALE)
… aller Länder, vereinigt euch
vor der vertikalen Grazie des langen
Stieles der Schaufel, der eleganten Harke
des bescheidenen Besens, des nützlichen
Spatens. Arbeiter aller Nationen
ruht euch aus
vor der vertikalen Grazie ihrer Schatten
wenn diese in der untergehenden Sonne
auf das weiße Mauerwerk fallen
was ein Ende der Arbeit bedeutet
in einem gut gedeihenden Garten.«

IDIOGRAPHIE

Allemal das gleiche Pensum.
Vor dem Einschlafen steckte er
eine leere Ansichtskarte
unter sein Kissen, und morgens
fand er sie beschrieben wieder
unter der Matte, gestempelt
ein Gruß, signiert vom Unbekannten
' wish you were here
So würfelte er, Schrift oder Bild
in seinem schlaffen Leben, ohne
die ersehnte Landschaft je
aus der Nähe gesehen zu haben
nicht mal das Gesicht des Boten
ein Langstreckenläufer, weit ist
der Weg vom Kopf zum Fuß.

ICH ALS ICH

Hans Arp
der Bildende auf der Reise
von Zürich nach Lamia, fragt
Sie? Wie können Sie so reisen
ohne Gepäck und Mantel?
Wie? Meinen Sie etwa mich?
entgegnete das G'dichtlein
dem Dichter, im Bahnhof
etwa: Wie meinen Sie mich?

FAR FETCHED

William Carlos, Sohn
von William, ein sonst
aufmerksamer Mediziner
schmiedete Verse am Steuer

und
spürten
die blassen
Fußgänger seine
rote Karosse vorbei
sausen durchs Regenwasser.

FEDERN ZU SCHWERTERN

Der Arme, gerade war er weg
und siehe da, die Genossen
im Hause des Dichters, ergründen
wollen sie den frühen Abschied.
Alles hätten wir von ihm erwartet
das aber nicht, sagte Genosse -Witsch
betroffen. Unmöglich, so eine Tat
Verzweiflung war nicht sein Stil.
Die Hingabe zur Revolution...
Wie konnte er? murmelte bitter -Liew
und -Arski fügte hinzu, unvereinbar
mit der Lebenskraft seiner Verse.
Wie gut kannten wir ihn, fragte sich
-Atow und warf einen konspirativen
Blick auf -Akis, den Neuen vom Dorf
dabei las der stille Bursche erschrocken
in der amtlichen »WAHRHEIT«:
UNGEHÖRIGE FLUCHT
(von unserem Reporter) ... trotzdem
Respekt bezeugend dem letzten Willen
des verdienten Genossen, erklärt
unser gnädiges Väterchen hiermit
die Kugelschreiber aller angehenden Kellner
zu Schwertern, im Dienste der Revolution.

DREIFACH

Rekrut mit Ranzen
will speisen, unter
dem schattenlosen Baum
macht eine Büchse auf
karge Oliven, Brot
will schneiden
unter der harten Sonne
der Dolch dreht durch
verblutet der Soldat
schwarz wird das Brot
finster das Land, die Muse
besingt den Vorfall.

Trauriger Maler
kommt zum Abendbrot
salziges Brot, ein Brötchen
im armen Kämmerlein
will schneiden
dreht durch das Messer
flüstert ihm ins Ohr
die finstere Geschichte
vom Rabenfeld, ein Bild
bleibt unvollendet.

Wanderer mit Rucksack
will speisen
am grünen Montag
Gemüse, Wein, aufs Brot
will Sesampaste streichen
verletzt dabei den Finger
auf die Hose tropft
das Blut, ein Journalist
vorbeieilend, verfasst
die kurze Meldung.
Ertrunken im eigenen Blut
der dreifache Dichter.

YVES KLEIN BLUES

Meißelnd die Luft
wolltest du dich retten. Nun
am Meeresgrund die Schwämme
saugen ein dein Blut. Es ist
ein Gemeinplatz, die Farbe
wohnt im Auge, nicht in den Fingern
das Blaue nistet im Herzen, die Kunst –
(Die Kunst, wohin?)
Da entlang, beeil dich, kannst sehen
wie sie an ihrem Pimmel fummelt.
(Leise, man hört uns…)
Sie wälzte sich geschlagen
blau im Schnee, berühren solltest du
wenn du nur wüsstest.
(Ich lieb sie doch, mon cher ami!)
Oh ja! Man sieht es, eine Farbe
ist die Begierde, in deinem Leib
sucht sie ihr Pathos.

FARBENVISITATION

I

Hast du sie verdient, die namhaften Farben
die er mühsam entdeckte, der eitle Neologe
als er damals, Fremder auf heimatlichen Feldern
tief grub, in helles Leinen gekleidet
um die Nuancen ans Licht zu befördern
von gebeugten Bauern in der Erde versteckt
aus Angst vorm heidnischen Heuschreck.
Die Blässe der Mädchen, um den Hals
als Zierde getragen, die rosige Scham
der trauernden Witwen beim Anblick
des entblößten Knies des Erlösers
das Violett der Tristesse
das Grau der Trauer, und die anderen
die er suchte und hob, mit versilbertem Nagel
aus dem verkrusteten Schlamm der Gießbäche
Mosaiksteinchen, in den Zeiten zerstreut
die ihre Farbe wieder erlangten
als sein würdiger Schweiß auf sie tropfte
und abermals zu mythischen Bildern wurden
mit dem schachernden Finder in der Rolle
des weißen Schwans.

II

Die unbefleckten Farben, die ihre Spuren
auf den Lippen des kleinen Siegers ließen
als er auf dem Pinienberg
das purpurrote Gewand der Allheiligen küsste
ein bescheidener Schänder des Sakralen
auf seinem faltigen Hemd edle Tropfen
Wachs und Öl, süß in seinem Sinn der Duft
des Weihrauchs und der Myrrhe, frisch auch
das tiefere Blau, tränkt noch die Konsonanten
in den altertümlichen Namen der Jungen
bis die fleißige Feuchte die Büsten oxydiert
und Ehre den noblen Flaumbärten verleiht
das Azur, das den schlafenden Baum
im Hof des Edelmannes wässerte, bis
aus dem stillen Wunsch eine Blüte wurde
ein Vorsatz, ein Verlangen, dann bitterer Hass
sauer noch in seinem Munde, jedes Mal
wenn er sagt, *bitte, welcome, treten Sie ein
für einen Kaffee in meinem zerstückelten Hof.*

III

Der verblasste Schein des alten Fotos
das der Regisseur des Leidens heimlich
schaute, jedes Mal
bevor er die vergebliche Anweisung gab
Licht! Mehr Licht auf den vergangenen
Korpus, der führerlos nachts
ihn auf die Reise nimmt, in fremden Betten
prahlend wie früher, *Mademoiselle, ich*
werde die Macht der Bourgeoisie spurlos
beseitigen, aber morgens ihn wieder
dem extrauterinen Staat übergibt
als ersten Schreiber, einen Schiffbrüchigen
auf dem Brett mit den Genossen
der dritten oder vierten internationalen
Wahrheit, die mitten im Meer nachts
den verführerischen Kurzwellensignalen
der Sirenen lauschten, bevor sie in dem Rost
untergingen, was dem außen stehenden Künstler
vorherzusehen glückte, als er
wie ein römischer Patrizier auf seiner Odyssee
im Weiher war. *Ja*
ich habe ihn gelesen, und ich mag ihn
die Sprache, die Heimat, allgemein jene
großen Ideen, die auf Schiffe gehen
um mit dem Zug fliehen zu können, gestern
sah ich den Hund, an seinem Schwanz beißend
wie ein Züglein, drehte sich um eine Säule
und ich sagte mir, *der Hund ist das Wissen*
die Säule die Sehnsucht, schwarz ist der Witz
der Buchpflegerin, eine Klatschtante
zwischen Kasse und Kaffee, fragte angeblich
wie hätten Sie es gern, hier hören oder

zum Mitnehmen, das schlaue Märchen
über den seefahrenden Händler, der eiligst
heimkehrte, sobald er erfahren hatte
dass seine Gute nicht stickte, sondern ihn
mit dem blinden Dichter im Hochhaus betrog.

IV

Der verwelkte Blumenstrauß in den Händen
des Patrioten, als er bedrückt
im endlosen Treppenhaus hochging
zu den unwirtlichen Ebenen einer fiktiven Stadt
um auf den Balkon zu gelangen, mit den ver-
dursteten Geranien, ein Verehrer des Höheren
Ehrenmitglied der Leere, zugleich ein unerwarteter
Besucher, blass machte sie auf, Zigarette im Mund
*Wo warst du, wieso, du Blöder, als du
mich noch hattest, ein Nichts*
und noch mehr unaussprechbares Zeug, beleidigt
schoss er zurück, *So wie du
käufliche Priesterin meiner ersten Liebe
wie hast du es geschafft, so zu verelenden
auf der öden Höhe, früher
die Bläue des Himmels kam zum Erröten
durch deinen Blick, Nacht wurde es dann
und glänzte die Dunkelheit in tiefem Violett
ein Hauch von dir reichte
um die Ähren goldig zu färben
mitten im Winter, die Lilien auferstehen
zu lassen am heiligen Grab, was kann ich
noch sagen, verdient hast du sie nicht
die namhaften Farben.*

RÜCKKEHR

Weiß wie ein Leichentuch
schien ihm die Stadt, sofort
rief er um Hilfe. Es kamen
acht Pfauen, neun Falken.
Lieber hätte er geschwiegen.

DIE STILLE

ist ein handgesticktes Tuch, in Sommerglut
eine Grille, Rauch über schneeweißen
Dächern, viel mehr noch
sie hat kein Erbarmen, kein Glas
geschweige im Schlaf einen Spiegel
kein Dorf. Die eigene Stille
sollte man grüßen, als Erster nie.
Warten sollte man, bis sie es wagt.

DER BAUM

Einen Schacht gräbt er aus, tief hinein
hoch hinaus, will Bäume sehen.
Was sonst in der Tiefe, nur Wurzeln
im Schlamm, Kohle in brauner Menge
ein vergammelter Schuh. Seltsam
der Baum, schwer zu ergründen
gedeiht nur dort, wo nichts gesät
bei der Freude wertvolles Erz
unerwartet zu finden.

ZU SPÄTER STUNDE

Wer wie ein träger Armenier im Stoffgeschäft
die Zeit vertreibt, wird eingesperrt
wenn die Rolläden nieder gehen...

Dann irrt er zwischen den bunten Ballen herum
bis die Gesellen ihn erwischen. Zur alten Matrone
wird er getragen, zusammen mit der Kasse
hochgeführt, in ihre gute Stube
wo sie die Füße zum Ausruhen streckt
auf der bequemen Couch. Und sie
will es wohl wissen, wie ist es nun mit ihm
will er bleiben oder fliehen? Fein ist der Samt
außerdem, was Süßes hätte er noch gerne... Also
zur Sache, denkt sie, hinter dem dünnen Vorhang
macht sie die Lampe an, die Schatten
will sie ihm zeigen, die ihre drallen Mädchen werfen.
Ein Waisenkind, der Neffe, greift nun tief
in seine beiden Taschen, vergebens, leer sind sie
was bleibt denn übrig
als so zu tun, als sei er im Begriff zu gehen, oh je!
Die Hexe ist sauer, sein Hochmut verdient die Strafe
schlucken den Bub...

Wenn die Rolläden nieder gehen zu später Stunde
wer wie ein träger Armenier im Stoffmarkt weilt...

ENDSPIEL

Im Salon die Damen, das Kartenspiel
lässt sie kalt. Im Nebenzimmer die Valets
lauschen ihrer Plauderei, der schwarze
Humor des Hausherrn lässt sie kalt, er
hat gerade die letzte Partie verloren.
Von klein auf spiele ich
auf dem fliegenden Teppich, spät
um drei, klingelt das Telefon, Herr Doktor
müssen Sie uns schon verlassen?

DENKSCHRIFT

Erzähl über die Reise
sonst bleibt sie unbereist.
Ein Kunstwerk ohne Verb
ist keins, und wenn
das Pantöffelchen verloren geht
das Hühnerauge bleibt. Ewig dein
geliebtes Aschenputtel.

DIE HERBERGE *(Fortsetzung)*

Gespannt spitzte der Portier seine Ohren, erkennen wollte er, was zum Teufel im Zwischengeschoss vorging, in aller Herrgottsfrühe. Als er die schweren Schritte im Treppenhaus hörte, wusste er, dass jemand mühsam am Herabsteigen war. Er setzte seine neue Brille auf und öffnete das Register.

»Sie verlassen uns schon?« fragte er den sichtbar übernächtigten Mann, der nun vor ihm stand, Koffer und Mantel in der Hand. »Ein Glück, die Wände in dieser Ruine scheinen aus Reispapier zu sein, sonst wüssten wir nicht, wer noch gedeiht und wer schon am Verwesen ist. Sie aber, sieht so aus, als ob Sie gewuchert wären seit unserer letzten Begegnung. Mindestens fünf Zentimeter sind Sie gewachsen, oder bilde ich mir das nur ein?«

»Lassen Sie das!« erwiderte streng der andere. »Machen Sie mir die Rechnung, und ein Taxi will ich haben!«

»Nur langsam, mein Herr. So einfach ist es nicht. Hier haben sich noch und noch Rechnungen angehäuft, eine Erklärung tut not!« beschwerte sich der Portier und schwengte bedrohlich sein Rechnungsbuch in der Luft. »Als Erster hat der Barbier von gegenüber mir bestellt, dass Sie ihm einen Haarschnitt plus zwei Nassrasuren schulden. Weiter behauptet der Metzger, Sie haben seine Mätresse belästigt, und er würde Sie gerne lebendig häuten. Die Alte im Nebenhaus klagt, sie hat Ihnen ihren Kummer anvertraut, und Sie, statt ihn zurückzugeben, Sie haben ihn umgehend im Pfandhaus für Bares eingetauscht. Der Schreiner meint, Sie haben ihn beleidigt. Und weiter, der arme Rentner von nebenan hat Merkwürdiges zu erzählen. Sie haben nämlich am hellichten Tag sein Fahrrad entwendet und seinen Hund getreten.

Wann ist denn das alles bloß geschehen, frage ich mich. Soweit ich mich erinnern kann, haben Sie in keinem Moment dieses Haus verlassen und das schon seit fünf Tagen, solange Sie bei uns sind.«

Der Fremde schaute sich im Spiegel gegenüber an, müde, aber mit einer Miene tiefer Selbstzufriedenheit. Er fing in seinem Gepäck an zu wühlen, als wäre ihm unerwartet etwas eingefallen.

»Gut, dass Sie mich daran erinnert haben. Ihre Stadtkarte!« sagte der Fremde und legte einen jämmerlichen Lappen auf den Tresen. »Um äußerst gerecht zu sein, dankbar sollten wir beide allen diesen netten Leuten sein. Was man tut und wie man es tut, beides folgt der vorgegebenen Konvention, das wissen Sie besser als ich. Aber was erzähle ich Ihnen zu dieser frühen Stunde. Solche Zuvorkommenheit ist mir selten begegnet. Ihr Frühstück war außerordentlich fein, geschweige denn die Abendstimmung in Ihrem Garten, unvergesslich! Was die bereits erwähnten Ereignisse betrifft, beachten Sie sie bitte nicht. Diejenigen, die sie sich ausgedacht haben, mögen selbst für ihr hermeneutisches Schicksal sorgen. Ich höre aber das Taxi. Erlauben Sie diesmal, dass ich Ihnen helfe mit dem Gepäck«, sagte er mit unübertroffener Grazie, als ob das Winseln des Dieselmotors sein Berufsethos wieder in ihm weckte.

INHALT

5	DIE HERBERGE
8	FRAU AM FLUSS, *lesend*
9	VERRÜCKTE KAUSALITÄT
14	ABENDSPAZIERGANG
15	LAND, *Landschaft*
16	DAS INNEWOHNENDE SEELCHEN
18	DAS
19	DAS MEER
20	DER REISENDE
21	DIE TÜREN
22	ERSTER KUSS
23	DIE FEIGE UND DER TROG
24	DER HASE
25	OBJET TROUVÉ
26	DIE ENTFÜHRUNG EUROPAS
27	WILD IST DER WESTEN
29	BYZ. MÖBELFABRIK GmbH
31	VON DEN UNSICHTBAREN
32	DER GRIECHISCHE KOCH
34	FRÜHSTÜCK IN ULM
35	ALTES FLEHEN
37	SONNENUNTERGANG AUF CORFU
38	DER KLEINE SOLDAT
39	GLORREICHER BOULEVARD
40	MEINE NEUEN KLEIDER
41	ÄSOPS FABEL

42	DIE KAPELLE
43	TU TU
44	DER DICHTER
45	NON-DAY, *diebischer Tag*
47	IDIOGRAPHIE
48	ICH ALS ICH
49	FAR FETCHED
50	FEDERN ZU SCHWERTERN
51	DREIFACH
53	YVES KLEIN BLUES
54	FARBENVISITATION
58	RÜCKKEHR
59	DIE STILLE
60	DER BAUM
61	ZU SPÄTER STUNDE
62	ENDSPIEL
63	DENKSCHRIFT
64	DIE HERBERGE *(Fortsetzung)*